U0006824

幻術

臺灣出版史第一部書＋電影

319槍擊案拆秘

蘇敬軾／著
符昌鋒／編輯整理

讓你輕鬆

看懂臺灣藍綠對立的根源

破解３１９槍擊案

不再輕易被政治人物迷惑

最佳享用4步驟：

讀本書第1～8章

看電影（書內提供免費串流觀賞）

讀完本書

再看一次電影

目錄

c o n t e n t s

序文

似真如幻的「幻術」

胡幼偉／文化大學新聞系主任

「幻術」是一部很有意思的政治電影，我看過，也在臉書上分享過觀後感。如今又有將電影和論述結合的這本「幻術」一書，拜讀後，不由得又有一些感觸。

當年轟動全台的「319槍擊案」到底是怎麼回事？至今依然成謎！儘管相

關新聞報導已是連篇累牘，當時的電視政論節目也徹底討論過，但究竟「真相」是什麼？誠如本書作者所說，對於官方的結論，還是信者恆信，不信者恆不信。而且，直到今天，連當事人之一的前副總統呂秀蓮也還認為真相並未大白，那當時未在現場的民眾，又如何能說出個所以然呢？

就是因為這番迷離，讓「幻術」的電影和本書充滿了吸引力。尤其對於台灣的年輕世代而言，更應該來好好了解一下３１９案和它的前因後果涉及的當代台灣政治史。因為，不知道過去，就無法完全了解現在，更無法前瞻未來。這是本書和「幻術」一片真正價值所在。

不管是電影或是專書，「幻術」由李登輝進入台灣政壇說起，是個合理的安排。當然，如果照「幻」片的邏輯推衍，整個３１９是由李登輝在幕後暗助陳水扁成功連任總統，那整個故事就非由李登輝說起不可了。巧妙的是，因為從李踏入政壇說起，整部電影對過去三十年來台灣政壇的重大轉折，也做了言簡意賅的回顧。所以，「幻術」不但是一部政治電影，也是一部歷史傳記片；一部以李登輝為核心的政治人物傳記影片。如果暫時對片中有關３１９槍擊案的內幕猜測存而不論，不管是電影或本書，都是當代和後人了解李登輝的一條捷徑。

至於說片中對３１９槍擊案的內情猜測，因為畢竟是一種猜想，其實不妨以開放的心胸，聽聽看製作團隊的推衍。我倒是比較訝異的是，本片推出上映後，相關人物都沒有提出什麼負面意見，這也許反映出台灣已經沒有什麼政治禁忌的開放狀態。即使片中對李登輝做了如此嚴重的暗示性指控，但片子和本書都如期推出，並未受到政治壓制。之後，也許會有更多電影人拍片討論台灣的政治大事，特別是那些如幻術般的大事或怪事。台灣的政治故事，往往比戲劇節目內容更精彩，期待在「幻術」影片和本書之後，能看到更多同樣優秀精彩的作品。

《幻術》值得讚賞的努力和勇氣

野島剛／作家、資深媒體人

日前，在台灣電影裡罕見的政治懸疑作品《幻術》才剛上映，我正好有機會先睹為快。老實說，這一、二年的台灣電影沒有很多令人驚豔的作品，原本沒有抱持太大的期望，竟然意料不到劇情出乎意料地有趣，2個小時一下子就過去了。內容是描述發生於二〇〇四年台灣總統大選前夕的319槍擊案，而且是在真正犯人為害怕民進黨輸掉選舉的某個政治人物的「假設前提」下展開，重點之一是背後也有日本人牽涉其中。若是透露太多劇情就會有爆雷之嫌，因此箇中滋味就留給大家慢慢欣賞體會。

以我個人而言，一開始會被這部電影吸引的理由，是因為裡面涉及了不少與日本有關的內容。登場的政治學者中嶋嶺雄（一九三六—二〇一三年），也是李登輝在日本的盟友。在他生前，跑政治新聞的我也曾經多次採訪過他。還有，日本作家伴野朗（一九三六—二〇〇四年）在事件發生前就寫的推理小說《暗殺陳水扁——大衛王的密使》（二〇〇一年；台灣先智），剛好與事件不謀而合，因此成為解開謎團的一大關鍵。

我和伴野有個共通點，就是原本都是朝日新聞的記者，之後獨立出來成為作家。雖然他已經過世了，而且2個人素未謀面，但是我視他為自己的前輩，非常尊敬他（其實在他所有的作品裡面，這部小說並不是很有趣）。對我而言，一部電影裡可以出現那麼多日本人的角色，當然感到很有趣了。

這部電影的製作團隊付出的努力和勇氣是值得讚賞的。我個人也寫了一本介紹台灣電影的書籍，我認為台灣電影的魅力在於不斷地挑戰具有社會爭議性的題材。日本電影因為受限於電通或博報堂等大型廣告代理商的巨大影響力，那種比較有社會爭議性的電影題材，往往就被敬而遠之。相反地，台灣電影有很多是處理同性戀、貧富差距、環保、原住民遭受歧視等的社會議題。台灣電影，對我們外國人而言，可說是認識台灣的好教材。

但是，除了像《悲情城市》（一九八九年）和《超級大國民》（一九九五年）之外，從正面切入描寫台灣歷史或是政治的電影卻少之又少，我想這也和台灣社會長久以來因為政治立場不同而造成民眾對立與撕裂有關。其實深入了解台灣政治的發展歷程，會發現它非常有趣而且生動，如果拍得好，說不定可以促進彼此和解的可能性。

《幻術》這部電影是以台灣民主化後遭遇到的最大謎團——319槍擊案為主軸，在題材設定上可以說相當大膽，而且角色的名字是使用真名，電影裡試圖要解開真相。姑且不論這部電影的「假設前提」是否正確，但是對於事件背景至今仍不明朗的情況下，《幻術》提供了一個討論的空間。同時，也有助於理解台灣政治在解嚴後的動向。雖然不知道這部電影在台灣會不會賣座，但是絕對是值得台灣年輕人一看的電影。2個小時的時間，可以理解到台灣是如何獲得現在的自由和民主。雖然電影暗示319事件有背後陰謀，沒感覺到特別要傷害李登輝或民進黨的意圖。

同時，也誠摯地盼望這部電影能夠在日本上映。裡面的角色有日本人，而且主角是在日本頗受歡迎的前總統李登輝。他在日本的形象屬於聖人君子，沒有野心的純真政治家。實際上，這部電影裡的他展現了為了在險惡的政治鬥爭中往上爬，也有不擇手段的冷酷一面吧。有關本省人和外省人的省籍情結也在電影裡多有著墨。我現在在大學裡有教授台灣政治的課程，如果有日文字幕的話，也想要用來當作上課教材，讓日本學生透過這部電影認識錯綜複雜的台灣政治環境吧。

序文

讓人深受震撼回味無窮的《幻術》

游梓翔／世新大學副校長、口語傳播系教授
319槍擊事件時擔任連宋競選總部發言人

二〇〇四年三月十九日下午一點四十五分在台南市金華路發生的槍擊事件，改變了第二天大選的結果，也改變了台灣的命運。轉眼間，已過了十六年。

許多人對震驚海內外的「319槍擊案」已逐漸淡忘，而因為年齡，二十歲左右的大學生更沒有對此事的印象。但那一天，是我忘不了的一天。

槍擊案發生時，我人在八德路的連戰宋楚瑜競選總部，我的身分是「連宋競選總部發言人」。那時我37歲，是代表國民黨進駐總部的兩位發言人之一。

總部的核心幹部看到的民調，顯示連宋在選前一天仍然領先，但沒人敢掉以輕心，大家都在提防著落後的對手可能使出的選前「奧步」。記得那時各界送來的情資和推測數量眾多，內容千奇百怪，但似乎並沒有人猜想到「總統中槍」的劇情。

新聞傳來快報後，我的第一反應是「奧步真的來了嗎」、「陳水扁為了贏用槍打自己嗎」？但隨後的許多發展卻讓人難以驟下這是「自導自演」的結論。這個事件打亂了連宋總部原訂的競選步調，內部意見也不一致，有人主張暫停活動為台灣的平安祈福，有人眼看選舉必將不利，甚至主張暫停選舉，並直接訴諸媒體，挑戰槍擊的真實性。

第二天，選舉還是舉行了，後來的結局大家都知道，當選的是中槍的陳水扁。

作為年輕的總部發言人，有機會參與在如此重要而激烈的選舉中，本已是一生難忘的歷練，選前一天經歷的這場驚奇之旅，更是讓我終生難忘。

因此各位不難想像，今年夏天當我走進電影院，觀賞敬軾兄編寫並監製，以「319槍擊案」為主題的《幻術》時，心情是如何複雜了。

透過符昌鋒導演的運鏡和石峰、竇智孔等眾多演員的精湛演出，《幻術》是一部很好看的電影。我可說是目不轉睛地看著許多我印象深刻或是親身參與的事件，一一在螢幕上重現，更讓我投入的是敬軾兄嘗試透過劇情所作的推理——許多角度是連親歷事件的我都不曾想過的。

因為傳播專業和個人興趣的緣故，我曾經看過不少重現歷史的電影。多數片子是從大家比較熟悉的「正確」歷史觀出發的，甚至帶有官方鼓勵的歷史教育目的。《幻術》當然不是那樣的電影，它是嘗試對爭議歷史事件提出「不同」的歷史觀點的作品。這就讓人想起了美國知名導演奧立佛史東，他的電影一向勇於以戲劇對歷史事件作獨到的詮釋。看著《幻術》，很難不聯想到奧立佛史東的《誰殺了甘迺迪》。

在一百多分鐘觀影的時間裡，我內心不斷為台灣終於有了認真詮釋歷史的電影而叫好，《幻影》的橫空出世，讓我們有了「台灣版的奧立佛史東」。

我與敬軾兄成為朋友，就是因為《幻術》結的緣。不過在那之前，我早對他的豐功偉業仰慕已久。台灣不少人會引用肯德基的廣告詞「這不是肯德基」來奚落市場上的冒牌貨，敬軾兄在大陸開疆闢土，為肯德基打下的霸業，讓他早就是行銷業案例等級的傳奇人物。認識他以後，對他的歷練和見識更加佩服，交談之後總有「這就是肯德基」，回味無窮之感。總讓我好奇的是，一個事業成功，享受退休生活的人，為什麼要拍這樣一部費工且爭議的電影？

讀了這本書，看完了《幻術》，相信你多少能體會出敬軾兄的獨特使命感。

拍攝《幻術》，敬軾兄並非要大家將他的推理視為唯一正確的歷史詮釋。他是希望透過電影，透過他的故事推演過程，讓大家回憶這一段關鍵歷史，並培養詮釋者的IQ。當更多人培養了從了解而詮釋歷史的識讀力，台灣或許就能從藍綠對立的困境中找到出路，不再輕易被各種政治「幻術」給迷惑。

奧立佛史東曾經說過一句話——

我嘗試做的不是歷史家與劇作家，我是劇作家、劇作歷史家，或是用戲劇來詮釋歷史的人。

《幻術》就是一個詮釋歷史的劇作，它詮釋的是所有關心政治和台灣前途的人不能不知道的一段歷史，劇情帶給我的震撼久久難忘。現在，請享受這本書和這部難得的電影吧，看完後保證你會回味無窮的。

序

一、為什麼寫這本書、拍這部電影？

「臺灣人」是一個很特殊的標籤。

我們李登輝前總統很有名的一句話是：生為臺灣人的悲哀」，我們是「亞細亞的孤兒」。

可是臺灣明明是個美麗的島嶼，有著善良的人民。只要不談政治，大家都很互相關愛，互相幫助，是一個文明高度發展的地方。

但一談到政治，臺灣就完全變了。

台灣的問題並不像其他國家，有什麼左派右派之分，或是自由派保守派之分。臺灣人對這些問題基本上沒有太大分歧，都相對的中庸和實務取向。

唯獨是在「統獨」問題上，並且由此推展成「藍綠」對決。

而這裡面最大的差別就來自對「中國」的態度。有的人「親中」，有的人「仇中」；雖然絕大多數的人血緣都來自「中國」。

這個現象是怎麼形成的？

又有沒有什麼辦法去破解？

我出生在戰後的臺灣，以後去美國讀書，在歐洲做過事，又回到亞洲，在美商公司擔任高級管理職務，又在大陸工作生活了三十年。有很多機會見到不同的世面，從不同的視角看各種事物。我又喜歡去理解這些不同視角形成的緣由。養成了很強的獨立思考的習慣。

我二〇一五年從百勝餐飲全球副董事長和中國事業部CEO一職退休以後，終於有時間去探討自己是否有能力為臺灣做點事。我不喜歡搞政治，也不適合搞政治。但透過電影和出版試著傳達自己一點想法，這點能力和經濟實力還是有的。因此有了《幻術》這部電影。縮小來看，這是對319槍擊案的破解。放大來看，這是對臺灣政治史的梳理。但不管怎麼看，都是對大家自以為熟悉的臺灣，不同的解讀。

但不同不見得就不對。

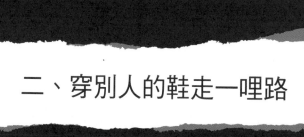

二、穿别人的鞋走一哩路

我們在管理企業的時候，會不停的碰到不同的團隊成員在有些事物上與其他成員想法不同。有時吵地非常厲害。這時候我們常用的技巧就是要求所有的人都要「穿別人的鞋走一哩路。」英文是 **Walk a mile in their shoes.**

我深刻相信，每一個人會做一件事情，或有一個想法，都有他自己的原因。我們有不一樣的想法也是有我們的原因。或許別人是對的，或許我們是對的。但也有可能我們都是對的，或都不完全對。所以要想真的看清真相，形成好的共識，就必須大家都互相穿對方的鞋走一哩路。

我的說法就是：「我有權力不同意你，但沒有權力不瞭解你。」而往往在瞭解以後就發現其實沒有什麼好不同意的。其實是可以調和的。

當然這個世界還是有很多濫咖，怪咖，最後還是夏蟲不可語冰。但不急著去下這個結論。搞清楚來龍去脈是很重要的。

下面我們就開始一些基礎知識複習。方便大家後面看《幻術》這部電影的時候能很輕鬆的進入劇情。

先介紹一下臺灣的歷史，和故事的男主角李登輝。然後是319事件的概要。雖然你覺得自己已經很懂了，但記得花幾分鐘穿別的人的鞋走一哩路。就一哩，很快的。

三、「臺灣」與「中國」

在臺灣，「中國」和「中國人」是件很困難的事。政治人物的口水已經把「中國」對等於「中華人民共和國」，大家也習以為常。而絕大多數的臺灣人是無法認同自己屬於「中華人民共和國。」因此就自然而然地稱自己是臺灣人，而不大提中國人，甚至否定自己是中國人。

其實我們臺灣絕大多數的人，都是從海峽對岸的華夏大地移民過來的。大家都是漢人。這片土地本來並不叫中國。在早期與世界不往來的時代，天下之大，莫非王土。我們就是大漢，大唐等等。相對蠻夷之人，，我們就是上國，中土。

後來是因為世界變複雜了，「外國」出現了，才會有「中國」這個相對的概念。有了「外國人」，我們自然就是「中國人。」但清朝的正式名稱還是清國。一直到國民革命成功，中華民國成立，簡稱中國就非常自然。等到中華人民共和國成立，更是直接叫「新中國。」

但在臺灣，情況有點不一樣。漢人（福建人）當年來臺灣是自己來討生活的。當年的臺灣是沒有什麼有效統治的，也很貧窮。少數荷蘭人（此前有葡萄牙）在部分港口做貿易，鄭成功軍隊一來就跑了。鄭成功本來是福建靠海吃飯的民間武力，清兵入關以後來不及征討南方，鄭成功還繼續向南明效忠（所以被賜國姓）。後來看形勢不對跑到臺灣來躲清兵。最後他的後人還是要投降，臺灣也納入清朝版圖。以後貪腐無能的清國輸掉了甲午戰爭，把臺灣割讓給日本。這些事發生的時候大陸都不叫中國。臺灣人把大陸是叫做「唐山」大陸人叫做「唐山人」的。

講這麼多，是希望大家能區分「中國」和「中華人民共和國。」中國人本來就是要區分我們和外國人的不同的。所以說自己是中國人本來應該是很自然的。不必因為不喜歡中華人民共和國就不喜歡中國。中國共產黨建立的中華人民共和國代表大陸的中國人，但不能代表我們臺灣的中國人。為了避免誤會，我也會跟別人說我是臺灣人，但我也不覺得我不是中國人。至少不是我的定義中的中國人。

這樣的認同對很多人很容易接受。因為這是事實。但對一部分人卻是難上加難。我們很容易罵他們是數典忘祖，但誰真的願意背負這樣的惡名？他們的原因是什麼？

其實也不難理解。

我們臺灣最急著要獨立的一批人就是當年受日本教育的老先生。他們的生命中是沒有感受到「中國」的任何好處的。作為「支那人」的後代，日據時代，他們是二等公民。他們要付出非常大的努力，才能出人頭地。而在那個時代，「中國」是個被列強欺淩的弱國，「日本」則是明治維新後亞洲唯一可以和列強平起平坐的強國，甚至可以殖民其他國家。這一批有機會在日本強大的光環下有所作為的優秀的人才，對「中國」的認同不強，在我看應該也是合情合理的。在這些人的眼中，「中國人」是有很多劣根性的，是不值得尊敬的。當然不覺得自己是

「中國人。」是被不恩不義的「中國」捨棄的「亞細亞的孤兒。」

對這些人來說，中國的興盛是非常的意外的。當年李登輝曾經提出過「七塊論。」說中國人是不可能管好自己的，不待強盛就會先分裂成七塊。

但事實證明中國強大了，而且強大到可以超過日本和美國較量了。「貶中」就慢慢變成「仇中」甚至「恐中」了。但在他們的眼中，中國人還是落後野蠻的，而且還是專制獨裁的。現在連美國人日本人都要聯手對付中國。

這些論點雖然是些老先生開始的，但對年輕人還蠻有市場的。事實上的確全世界對中國崛起這件事都有些消化不良。各種各樣的經濟困局，貧富差距惡化，極端主義興起，已經讓政客們頭痛不已，歸罪於中國可以讓日子好過一點。

我說過「我有權力不同意你，但沒有權力不瞭解你。」

四、戰後的臺灣政治

我們先不提這些老先生。戰後的臺灣其實一開始並不排斥大陸人。日本人到底是優越的殖民者。能「回到祖國的懷抱」還是有些令人憧憬的。只可惜當時的國民黨的確令人失望。忙於打國共內戰的蔣介石，只能派出一批不怎麼樣的軍隊和陳儀這樣的領導，和日本人一比，高下立現。管不好就只能動槍桿子。一個二二八事件，嚴重傷害了人民的感情。而共產黨的恐怖，也促使蔣更加高壓統治。一九四九年國民黨撤退到臺灣，幾百萬人湧進臺灣，雖然理論上大家都是中國人，但語言，習慣各方面的差距還是形成了外省人和本省人的自然區分。外省人除了軍人以外還有大批的公教人員，很快就形成了一個本省人難以突破的玻璃天花板。但所有的這些，在當時的高壓統治是被噤聲的。表面的臺灣是很和諧的。臺灣人也只能在體系內努力提升自己，謀福家庭。蔣介石一輩子只知道反共，思想也是封建保守的。以為臺灣可以當一個省來對待即可，還在做夢有一天可以班師回朝。錯過了在臺灣紮根的機會。也沒有這樣的覺醒。

等到蔣介石終於將權力交到蔣經國手裡，才開始有了變化。蔣經國是蘇聯共產黨訓練出來的，是知道人民力量的重要的。但耽誤過久的政治改革，趕不上全球民主化浪潮下的強烈要求。臺灣進入了黨外和民進黨對抗國民黨的時代。蔣經國還是一個勇於改革的領導者，同意了開放黨禁，報禁。但相對於洶湧而來的改革要求還是顯得窮於招架。

值的一提的是，這個時候爭的都是自由民主，完全沒有統獨問題。

另一個大問題是：臺灣下一代的領導階層該是誰？

蔣介石時代接班這個問題是很清楚要交給蔣經國的。所以蔣經國早就準備好了。嚴家淦做行政院長的時候大權就已經交到蔣經國這個副院長手中。

但蔣經國之後呢？他的身體早就不好。有嚴重的糖尿病。雖然他一直想提拔人才，但大陸來的人才多半是技術官僚。未必是合適的國家領導人。只有一個孫運璿，是大家都尊敬的，卻不幸中風了。

這就給了李登輝一個最好的機會。

一九八八年蔣經國突然逝世，但國家領導人的安排完全沒做。國民黨群龍無首，只能靠幾個大老商量決定。蔣經國的夫人蔣方良女士是堅決反對李登輝的。但是其他人對李登輝並沒有太大的意見，加上實在沒有別人可以擔當大位，就只能被局勢逼的一步一步接納李登輝這個法定接班人。這裡面有俞國華（行政院長），李煥（國民黨秘書長），郝伯村（參謀總長）等重臣。只是後來都沒料到會被李登輝一個一個給收拾了。一個毫無基礎與人脈的本省人，居然在大群外省人環視下，拿到了領導權，還從內部鬥倒了百年老店國民黨。這樣的戲劇，連莎士比亞都寫不出來。

五、李登輝的登場

有關李登輝一生的書不少，他自己寫的，或接受採訪的就很多，可以說是相當的豐富。但似乎很少有人完全瞭解他。可能是因為他的經歷與大多數人的經歷相差太大，他的思考與表達方式也似乎不大一樣（多數的著作和採訪可能都是以日文完成，甚至是以日本人為對象而寫下的。）

但如果我們試著把自己投入當時的歷史環境，進入當年日據時代，一個台灣員警的家庭這個背景，再參考這些資料提出的一些故事，還是可以大致揣摩出李登輝的一些心境。

李登輝少年的時候，就非常的認真努力，雖然不見得是天資聰穎，但非常勤奮，看得出來對自己是有很高的期許。但在那個年代，他的期許可能更多的是在日本的大環境下出人頭地，我最佩服的是，他在高中時代，就已經超出課本範圍，自己花錢買書，把當時世界知識匯總的日文岩波文庫基本都念過了。那是多了不起的成就，相當於中國人把四書五經全部唸完了。

他在日本人為主的學校中，居然能出任劍道社的社長，也看出他努力要比日本人更多，加上一家很早就皇民化，取了日本姓名，對他能夠留學日本京都帝國大學也很有幫助。但就算如此優秀，他也只寄望自己能成為一名農業專家，在日本的殖民世界中，到關東的「滿洲國」去做貢獻，估計知道自己在日本本土，還是會受到一定的歧視的。

只是日本的夢最後還是要破滅的。二次大戰結束，依據列強的協議，所有日本人都返回日本，而殖民地的人也全部返回殖民地，李登輝也回到台灣，學著做「中國人」。

在隨後幾十年內，李登輝是埋頭苦幹的，他唸了台灣大學，然後進了農復會，中間兩度留美，拿了農業經濟的碩士與博士學位，逐漸把自己塑造成了台灣農業的專家。

本來他的一生可能就此定位，也看不出他有任何野心，或任何投入政治的規劃，他成了一名虔誠的基督教徒，每天與妻子曾文惠讀經，在經文中找尋啟示。

但歷史的巨變，還是把他捲入了政治。蔣中正總統逐漸老去，蔣經國的政治地位日益升高，開始要佈局自己的年輕一輩的人馬，他警覺到本土台灣人的政治上缺乏代表人物的重要性和急迫性，因而開始特意找尋和提拔台籍幹部，當然就會有人向他推薦。一開始，找的人都是一些台籍的黨政幹部，或是地方民意代表，例如張豐緒、邱創煥和林洋港，也都被安排到市長、行政院的一些位置上歷練。

李登輝則有些特別，他不是黨員，從來也沒有從政經驗，紀錄上還有與台共的一些牽扯，但蔣經國卻思路不同，他自己曾經參加過蘇共，而且對傳統國民黨內的迂腐的環境很不喜歡，反而更喜歡這樣一位技術官僚型，沒有什麼聲音、認真做事的人，還特別要蔣彥士作保，讓李登輝入黨，並讓他入閣，成為主管農業的政務委員，培養他去各地考察，特別栽培。

這時的李登輝，我相信是毫無準備的，甚至有些惶恐，資料上顯示，他原本沒打算入黨，但入黨就代表了他政治上的問題從此解決，所以還是入黨了，有點「最危險的地方，就是最安全的地方」的意思。他農業專家的素養，和後來做市長、省主席的表現，很受蔣經國的喜愛，逐漸就超出林洋港和林創煥，最後成為當時的副總統。但說實話，當時所有大權都在蔣經國一個人手裡，副總統可能還不如行政院長或省主席有實權。

蔣從來都沒有任何跡象，準備把大權在生後交給李登輝。當時最受敬重的人是行政院長孫運璿，人謙和又能幹，是眾望所歸的人，只可惜中風了，這一下子就打亂了所有秩序，因為除此之外，再沒有突出的領袖人物，有的只是蔣介石或蔣經國一些家臣而已。正因為有了這樣的領導空虛的政局，才有後來蔣經國猝死，李登輝上臺的世紀變局。

一九八八年李登輝接任總統和黨主席，以後主政十二年一直到二〇〇〇年他不能再連任。他對接班人的安排直接種下臺灣以後的亂因。他堅決不提名人氣最高，幫他打下天下，有功于他的宋楚瑜，造成宋楚瑜獨立參選。不具威望的連戰最後成了棄子。民進黨的陳水扁意外當選。國民黨才從大夢中警醒過來。但為時已晚。

你可以說國民黨真很亂套。也可以說李登輝真的蠻厲害的。

1
3
OMP
012

六、319槍擊案的事件回顧

雖然絕大多數的台灣人都大略知道這件史上最奇特的事件，但時隔多年，多數人其實都已經記不清楚了，尤其是年輕的一代，對這個事件的印象更是模糊。

二〇〇〇年總統大選，陳水扁意外當選。臺灣第一次政黨輪替。陳的第一任政績並不出色。二〇〇四年競選連任備受挑戰。而另一邊的連戰和宋楚瑜記取了教訓，組成了連宋配競選。國民黨空前大團結。民意調查顯示扁呂配大幅落後。眼看就要輸了。

二〇〇四年三月十九日，離大選只剩下最後一天。所有人都覺得大勢已定，陳水扁選擇回到故鄉台南掃街拜票，做最後的努力，呂秀蓮也臨時決定參加，兩人站在一部紅色吉普車中，穿過台南市區，一路上支持的台南市民湧上街頭，爆竹遍地，響徹雲霄。

陳總統是第一個發現不對的人，他覺得肚子上濕濕熱熱的，讓隨扈給他面速力達姆，一抹之下，發現是血，才知道自己中彈了。呂副總統此時也才發現自己的右膝疼痛，兩人被送到奇美醫院急救室，整個槍擊案及其後續事情，就此展開。

總統、副總統遇刺的事傳開後，當然舉國譁然，也考驗了政治人物的智慧。扁呂的綠營這邊，完美的掌握了機會，陳水扁雖然傷勢不重「肚皮劃傷」，但不對外透漏，只強調國家進入緊急狀態，營造陳水扁為台灣人擋子彈的悲情故事，但同時下令大選照常，只有軍警戒備「藍營的大本營」不能投票。而國民黨也充分按照溫良恭儉讓的劇本演出。送花問候，卻又不敢要求在真相查清前暫停選舉，估計也希望民調的領先，足夠維持勝局。

大選的結果大家都知道，陳呂配以極小的差距險勝，連宋在二〇〇〇年因分裂而敗選，四年後雖然捐棄前嫌，抱得緊緊的。居然在最後關頭功虧一簣。

到底是誰打了這兩顆子彈？背後又有什麼樣的陰謀？

KAM

七、事件後的主要猜測

３２０大選照常進行，連宋居然輸了一場眼看必勝的大選，這才醒過來，要求徹查事件真相，並提出選舉無效之訴訟，藍營的支持者也開始紛紛狂呼這是陳水扁總統的「奧步」，自導自演的一場戲。

綠營當然不甘示弱，也強調陳水扁不可能找人向自己身上打槍，自導自演有很多不合情理之處。

坊間也有一些其他的猜測，例如是做莊大選賭盤的道上兄弟，要操縱選舉結果，派人演出了一場好戲，還有人主張是老共或ＣＩＡ策畫的。

這些言論，都被廣為報導，對警方後來的調查，形成了壓力。在後來長達一年的調查過程中，警方也對這些陰謀論做了一定的調查，但始終沒有任何證據能支持這些理論。事件發生這麼多年之後，也沒有任何跡象，顯示這些理論是對的。

當然，要想民眾接受３１９槍擊案沒有後面的陰謀，尤其是藍營的支持者，是很難的一件事情，就算在警方查出陳義雄涉案，同時還擁有與涉案槍、彈同一來源的槍彈，進而宣稱應該是陳一人所為。加上案發後，陳義雄以漁網纏身，投水自殺。雖然有這些證據，多數人還是認為案情應該沒有如此單純，後來成立的立法院「真相調查委員會」，但也提不出什麼新的論點。所以，整個３１９的真相如何，變成一件信者恆信、不信者恆不信的無解案件。

八、刑事警察局調查報告摘要

在事件後一年四個月，二〇〇五年八月一日，刑事警察局發布了對事件調查的報告，整個報告長達４５０頁，內容非常詳細，有心的人可以上網搜索查閱。

警方對案情的調查，大概可以簡化為以下幾個重點：

對槍擊案現場（包括車輛及人員）證據的檢視，並以此推斷，槍手的位置，及槍彈的來源。

對案發附近的監視錄影及通聯紀錄進行審視及交叉比對。

對陳呂的傷勢進行檢查，確認與槍擊相符合。

基本上，整個事件的直接證據，只有現場路邊民眾拾獲的兩個彈殼，應該是子彈發射後，由槍膛裡彈出的。由此可以推定為槍手的位置。還有吉普車擋風玻璃的穿孔，和車內留下的一顆銅質彈頭，應該就是擊穿破玻璃，打中呂秀蓮副總統右膝的子彈，再加上打穿陳總統夾克、襯衫及內衣，灼傷他的腹部，最後留在內衣與身體之間的一顆鉛質彈頭。

警方大費周章的重建現場，並請來留美的李昌鈺博士和大批美國專家驗證，基本確定了，所有證據互相吻合，表現出一個槍手，在同一位置、用同一把槍，先打了呂一槍，然後再打了陳一槍，呂陳的傷勢也是真實的，並非作假。但證據也只有這麼多，也無從知道是何人下手，不知道背後有什麼陰謀。

警方後來在監視錄影中，看到一個可疑人物，禿頭、黃衣男子（後來確認為陳義雄）跑步離開現場，還來不及找到陳，就發現陳已經陳屍於安平港附近的水域。雖然懷疑有可能涉案，甚至是被滅口，但缺乏任何證據與線索，只能先以生前溺水，意外死亡結案。

警方也調查了數十億筆案發前後相關地區的電話通聯記錄，比對有可能涉案的人物，但查不到任何線索，對簽賭的可疑人物的調查也同樣沒有任何進展。

警方後來的突破，是依據撿到的槍殼、彈頭研判出是地下工廠改造模擬玩具槍所搭配使用的，繼而追查一段時間內，台灣所有由地下工廠生產的槍彈的案子，將查獲的槍彈比對，追查所有可能是本案槍彈來源的地下工廠，最後查到一個可疑人物唐守義，認為他使用的生產工具，做出來的槍和彈最符合現場撿獲的證物。在抓到唐守義以後，警方再逆向偵查，追查唐守義曾經賣出去的槍彈的去向。在半年多的追查過程中，終於有了重大發現，有一把槍和一批子彈「銅質、鉛質彈頭都有」曾經輾轉的賣給了一個人叫黃維藩，而黃維藩供出是他的妻弟陳義雄託他購買，並於案發前幾個月交給陳義雄。有了這個連結，警方就鎖定重新追查陳義雄，在監聽陳的家人「妻子及兒女」的過程中，發現陳家人曾經認為陳義雄涉案，為隱藏此事，而銷毀了陳留下的一些證據。最後，警方在多次偵訊過程中，終於「攻破了心防」，讓陳家人承認陳義雄曾經留下過「遺書」，承認自己涉案。警方據此，推論全案是由陳義雄因不滿陳水扁執政而動手，事後因為看到自己被認出，因而自殺。

看到這裡，你已經準備好了，
可以開始看電影了！

看完電影後，請繼續看下一章

（掃描進入電影欣賞）

https://reurl.cc/W4NLDx

歡迎回來！

希望你喜歡這部電影。

接下來我們來就電影裡的

一些情節做些展開討論。

九、李登輝一生的目標

當年李登輝上臺，其實是獲得大多數民意支持的，他是蔣經國提拔出來並放到位置上的，看起來又很老實可靠，大家都覺得應該給他個機會。

在這個階段，李登輝的目標應該很簡單，就是先求穩固自己。但談何容易，此時的宋楚瑜，就起了很大的作用，年輕一輩的宋本想打破黨內論資排輩的文化，因此與李積極唱和，推動黨的年輕化、民主化。宋楚瑜的形象好、溝通能力強，對目標的推進，很有幫助。

在後來的12年裡，李利用總統和黨主席的優勢，逐步消除了傳統的國民黨力量，重用年輕一輩如連戰等人，加上順應民意，改革了國會結構，推動直選等等，將自己塑造成了台灣的民主之父。但其實仔細推敲李的核心思想，他最重要的目標，並不是自由民主這些偉大的目的。他只是要藉由這些制度的建立，去防止台灣被少數人輕易的決定未來的方向，他真正的目標，其實只有一個——「帶領台灣人民出埃及。」

對絕大多數承認自己中國血緣，認同兩岸有親密關係的台灣人而言，是不明白有什麼好「出埃及」的。但他們忘了，李登輝不是這樣的人的，他對中國人是沒有好感，甚至是瞧不起的。

像他這樣的，曾接受日本文化薰陶，自認是一個早就超出中國文明的優越文明，是很難接受一個「落後文明」統治的。這一種「貶中」的意識形態，隨著中國的逐步展現了強大的統治能力，就逐步演變成了「恐中」和「仇中」。李登輝作為一個高瞻遠矚的人，比其他人更早看到，因此終其一生之力，必須盡其所能，讓台灣人免受中國的統治，要「出埃及」。當然，「貶中、仇中、恐中」是否是面對中國大陸崛起最好的政策，是有必要商榷的。但以李登輝的成長經驗而認知，以這樣的心情面對中國大陸，是非常的執著的。受他的影響，一大批的人，也走上這條路，很多政策，如「教改」，如對大陸的「戒急用忍」和如何「拒統」，也被逐步推行，對年輕一代更有著巨大的影響。

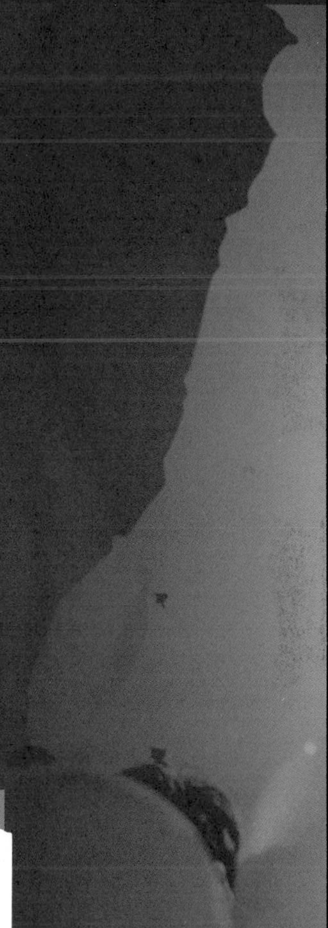

十、二〇〇〇年 讓民進黨上臺

李登輝的一生自視甚高，沒有什麼人入得他的法眼，政壇中的一些人物，更被他視為跳樑小丑，精明如宋楚瑜也被他看穿，說宋楚瑜是「猴子跳不出如來佛手掌心。」民進黨的一些人，尤其像陳水扁，當然也不算什麼。李登輝終其一生，不屑與民進黨為伍，但二〇〇〇年的大選，受憲法約束，李登輝不能連任，必須推出一個人代表國民黨參選，當時人氣最高的，毫無疑問的是曾經以超高票當選第一任直選省長的宋楚瑜，怎麼看都應該是宋楚瑜出線。

勉強能與宋楚瑜競爭的是行政院長連戰，但連戰不具領袖氣質，過於儒雅，也談不上什麼出色政績。

但李登輝顯然認定宋楚瑜絕不可以擔任台灣總統，因而用盡手段來阻撓他。

照理說，宋楚瑜有超高人氣，又總管黨務，政務多年，應該有機會與李登輝對決。但宋楚瑜計算過精，還想「尊李」，爭取李的回心轉意，也淨化自己奪權的形象。兩方對戰，一方示弱，另一方又是像李登輝這樣的高手，宋楚瑜只能被攻的體無完膚，等到回過神來，已經元氣大傷。

但即使如此，宋楚瑜脫黨競選，受興票案重創，但仍然在民調上，與陳水扁有得一拚。然而不可能的事居然發生了。一個國民黨的主席，居然明示暗示的指導「棄連保扁」的操作，寧可犧牲掉國民黨和自己一手栽培的連戰，讓民進黨上臺，也不能讓宋楚瑜當選。李登輝的決心之堅定，手段之無所不用其極，在二○○○年的總統大選選戰中，盡顯無遺。而台灣人這才發現，自己以前認識的李登輝是錯的，完全低估了他，這才是中國近代歷史最有權謀、最毫無忌憚的人。

一直到自己大敗之後，連戰才終於覺醒過來。而李登輝也自知沒可能繼續掌握國民黨，辭去黨主席，並退出國民黨。但李登輝並沒有參加民進黨，只是同意擔任不成氣候的台聯的「精神領袖」，台灣人都以為李終於退出政治舞臺，而逐漸忘了他。的確，一個失去權力及舞臺的近八十歲的老人，除了講課、寫書，又能怎麼樣呢？

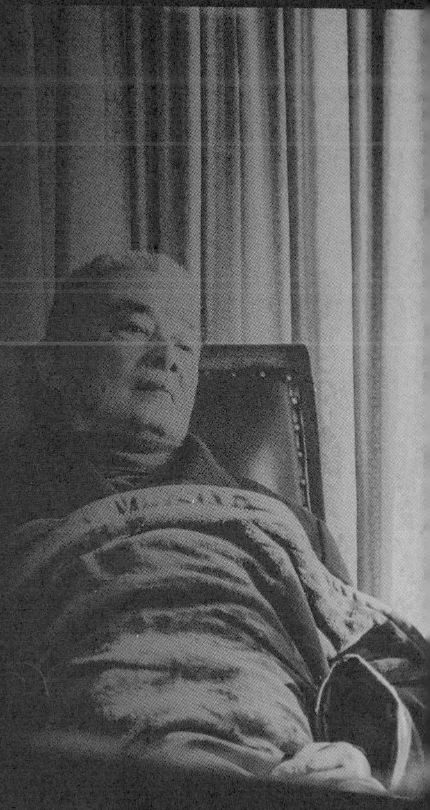

十一、民進黨的困境

二〇〇〇年大選，陳水扁因為連宋相爭而僥倖當選，但民進黨倉促上臺，其實是沒有任何執政的準備和經驗。陳水扁個人精於政治計算，卻不是治國之才，雖然在第一個四年任期內，並不如第二個任期那樣貪腐，也盡量不在統獨問題招惹中共，但出現八掌溪事件和核四爭議，都顯示出政府的重大缺失，所以民意並不支持陳水扁在二〇〇四年連任。

而另一方面，連戰和宋楚瑜二人已經深知二〇〇〇年大選藍營分裂，兩個人均深受其害，因此早就談好組成聯合陣線，尤其是宋楚瑜，在二〇〇〇年大選中，宋楚瑜的人氣最高，遠超高陳水扁和連戰，即便受到興票案的重創，若非大選最後階段，有人操作「棄連保扁」，宋楚瑜也未必會僅以微小差距輸給陳水扁。因此二〇〇四年，宋楚瑜寧可委屈自己，擔任連戰的副手，而連戰也公開承諾，自己只做一任，下一任由宋楚瑜競選總統。

自己執政不力，對手又空前團結，民進黨的民調始終大幅落後，自然極為焦慮，各種造謠、抹黑、抹紅的手段頻頻使出，這些「撇步」都被人看破手腳，選情毫無起色。

大選預定在二〇〇四年三月二十號舉行，所有人都在等著看民進黨還有什麼「絕招」可以使出來，猶如一九九七年為了蘇貞昌選臺北縣長，選情落後，民進黨立委盧修一抱著病體，向選民下跪求票，讓蘇貞昌翻盤的戲劇性一幕，歷歷在目。但選民已經不再那麼天真，這些招數似乎已經無用。李登輝的這張牌也被打出。二〇〇四年二月二十八日，是一年一度民進黨可以拿來訴訟悲情的「苦難日」，民進黨動員了舉黨之力，舉辦了了個「牽手護台灣」的大動員，李登輝也應邀與會。雖然轟轟烈烈，但民調依然沒有起色。藍營眼看就要勝利了。

我還記得二〇〇四年大選前，所有人都知道除非奇蹟出現，扁呂配必輸的情況，所有藍營的朋友都士氣高昂，就等三月二十日大選揭曉，可以瘋狂慶祝了。而綠營的朋友則憂心忡忡。媒體也都在等待著，看民進黨還有什麼絕招可以使出來，但時間不斷的流失，只剩下選前最後一夜的晚會，但又能怎麼樣？

我當時腦海裡只想到一種可能，那就是李登輝出手，但他能做什麼？就算他出來下跪，又有用嗎？應該沒有用吧！

誰也沒算到，不等到晚會，下午一點多鐘，台南金華街的兩顆子彈就戲劇性地完成了這一步不可能的逆轉，多高明的手段啊！當年我在上海，正與太太逛街。接到消息的時候我直覺的反應是「李登輝出手了」，因為放眼台灣，應該只有這一個人有足夠的動機、有這樣的境界、有這樣的能力、有這樣的機會，能做出這樣的事。

但這只是一個想法，一個假設，必須小心的求證！

Ending Taiwan Dynasty

十二、「大衛的密使」〈台譯《暗殺陳水扁》〉確有其書

做為一個長期經營肯德基、必勝客這樣需要不斷的產品和廣告創意的人，我知道一個好的創意如何的來之不易，絕大多數的創意，都不是百分之百的原創，而是架構於別人的創意，再加上自己的靈機一動，才有了最後的版本。319槍擊案，有人居然想得到利用不致命的槍擊製造事件，比中國幾千年留傳下來的各種妙計，還要高明，而且中外歷史上從未聽說過，真的太讓我欽佩。事件發生後不久，報紙上出現了一條小的花邊消息，讓我頓時有了解釋，台灣的記者發現了，在二〇〇一年下半年，日本的一位作家伴野朗，曾經寫了一本書，書名叫《大衛的密使》，後來也被翻成了中文，在台灣出版，書名改成《暗殺陳水扁》，副標題才是「大衛的密使。」書的內容是幾名身分不詳的國際職業殺手，受雇到台灣，在二〇〇〇年台灣大選中暗殺陳水扁，意圖影響台灣選舉，但內容並不精彩，有點不知所云，也沒有賣出多少本，所以無人知曉。報導中指提到這個「巧合」，但也無法確定是否有關聯。

這本書來自日本，給了我一些聯想的空間，以李登輝和日本的交情（李登輝在日本是非常受崇拜，也有很多好友的），這樣一本關於台灣大選的書，他應該是比旁人更有機會看到的，也可能最有感覺的，難道是這本書給他帶來了靈感？

一個無權無勢（至少相對於以往）的老人，他如何可能在最後關頭改變選情，就算他向選民下跪，又有多大作用？

但安排一個殺手，應該不真是難事吧？又不是真的要殺人，心理上的罪惡感應該也不會太大吧？要帶領台灣人出埃及，這代價應該還可以接受？

這本書我先在台灣的書店中，找到中譯本，後來幾次到日本，順便在各地書店尋找，但都已賣完了，還好在日本往上的二手書城買到了兩本，這些書也成了《幻術》電影中的道具。順便說一句，伴野朗是一位多產的作家，他曾經長期住在中國，對中國歷史應該是很有認識的，他以諸多中國歷史人物（如秦始皇、周恩來）為基礎，寫了一些虛構小說。

十三、特勤人員可能參與？

槍手是特勤人員，我覺得還是最可能的，陳水扁是現任總統，路線的安排、沿路的安全保護都是最高級、最嚴密的，一般人也無從知曉。當然陳水扁的每次掃街，都是大張旗鼓，不是什麼秘密行程，不能說一般人沒機會。但不管怎麼說，作為一個特勤人員，實時掌握所有的動態，同時在現場出現，甚至就是負責這一段執勤的人員，就更是天衣無縫、百無一失了。當然了，中華民國的特勤人員難道忠誠是不可信賴的？這就是看忠誠的對像是誰了？國家？還是個人？當我們的政治領導人把自己的意識形態淩駕於人民福祉之上時，又怎麼能期望其他人，為一個政治輪替不時發生政治認同南轅北轍的「國家」保持忠貞？

如果我大膽假設是李登輝起意，由他的視野來看，找一個跟隨自己多年的特勤人員（他是卸任元首，是繼續有特勤保護的），可以說是再自然不過的事。至於是否需要再多一位來負責執行，我的推斷還是應該要的，到底卸任元首的特勤人員自己動手還是不方便的。那麼利用特勤人員學長、學弟的感情，找一位自己交情好的現職特勤人員，可以說是最合理、最有效的安排。

而以特勤人員的專業，規劃槍擊、動手開槍，不過十幾米的距離，都不是太難的事，唯一難的事，就是如何在事件後脫身，最好還可以嫁禍於政治對手，那才是完美。

特勤人員這種特殊的互相關照和扶持的感情以及在體制內的特殊地位，在前一陣子發生的「華航特權私煙」案件中也一定程度的被曝露出來。

十四、是不是李登輝授意、指揮？

照道理，李登輝直接授意是最自然的推論。李登輝有了這個想法，找來對自己忠誠的特勤人員，面授機宜，水到渠成。

但這只是我們的推理，沒有任何證據。

在寫《幻術》這個劇本，和導演討論劇情的過程，我們想了各種不同的可能。

在光譜的一頭，是李登輝的直接授意，甚至可以下令，在另一頭，則可以是特勤人員自己揣摩上意，不待吩咐，就主動起意，為主子分憂解勞。

在《幻術》電影中，我們選擇了兩者之間的一種曖昧處理。

李利用自己眼睛不好的理由，把書本交給了特勤，而特勤自己上網搜尋這本看不懂的日文書，而參破了天機，知道了自己的任務。

其實做這些決定，是創作過程中很有趣的過程，我們的確特意淡化「就是李找人幹的」這種肯定語調，而提供許多想像空間。

就像電影一開始說的，「這世上有許多幻術，只有魔術師知道其中機關。」我們的確不知道，只能推理各種可能性。

這也是我們對觀眾的尊重。讓觀眾自己去研判，哪種可能最合情合理。

十五、陳義雄為什麼被捲入？又為什麼被犧牲？

319事件後，其實是沒太多線索的，只是撿到了彈殼和留在車內、衣服內的彈頭，雖只可以認定現場的位置和槍彈槍支都是土製的，但缺乏任何偵查方向。一直到監視錄像中出現了一個禿頭黃衣男子，跑步離開現場，但他是誰？為何跑步離開？

又過了幾天，當警方開始循線，就快要找到陳義雄的時候，陳義雄卻被發現陳屍於安平漁港（陳義雄平日有從安平出海網魚的習慣。）法醫認定是生前落水，溺水而死。雖然警方懷疑陳義雄有可能某種程度上涉及槍擊案，也可能是被滅口，但缺乏證據，加上家人不願追究，就以「意外死亡」暫時結案。

後來警方改變說法，認定是陳義雄自己作案，已經是十個多月以後的事情了。警方查對所有數年內曾查獲的地下槍彈的上游來源，動員了大量警力，終於查到類似的槍彈的製造者唐守義。根據製造工具和生產出來的槍和彈的特徵，認定就是唐守義製造的，再順藤摸瓜，往下游查訪，最終發現陳義雄確實有槍、有彈，案情這才急轉直下。

但有槍有彈就能認定是陳義雄開的槍嗎？

警方也查出陳義雄曾經公開在二〇〇三年電視政論節目「全民開講」出外景的那一場節目錄影中，嗆聲陳水扁，這就給了警方一個動機的解釋。

再加上事後，陳義雄的家人的確看到陳義雄有些異常舉動（燒掉黃色夾克，沉默不語等等），更讓警方認定他的涉案。

為了拍攝《幻術》這部電影，我們劇組和我自己曾去台南實際考察和請教學地參與人員，所有的資料都顯示陳義雄是一個很簡單的人物。他取得槍彈是因為他嗆聲陳水扁後，覺得自己不安全，才託姊夫幫他買來防身。沒有人認為他有可能做這樣的一件大事，也不認為他有這樣的膽識、這樣的槍法。何況，如果要幹掉陳水扁，為何先打呂秀蓮，為何只打非要害部位？更重要的，為何要減低火藥量，為何打陳水扁用比較軟的鉛彈頭？

陳義雄有槍有彈，所以關於319槍擊案他涉案的可能固然有憑據。但是他是主謀又同時是槍手嗎？這就很難想像了。

那麼問題來了，那他到底是什麼角色？這也是我比較反覆思考的問題。

其實仔細一想，也很自然，一個真正的職業槍手，不是打了人就算了，更要規劃好自己的脫身之道。尤其是這樣的一場幻術，那更是要完美無缺。要能完全掌握事發後的輿論口徑，才能保證陳水扁得到最多的同情票，贏得大選。那就不但必須有槍擊案，而且必須明確動手的人，就是不想陳水扁當選的人，如果從這個角度去想，槍手是特勤人員的身分就更合理了，因為陳義雄的公然嗆聲陳水扁的紀錄就太有價值了。而特勤人員是應該有這些資料的。

寫這個劇本最燒腦的是槍與彈，刑事警察局對槍彈的來源做了大量的調查，雖然從來沒有人看到過陳義雄有槍有彈，但他的姐夫作證他確實幫陳義雄買槍買彈，並且安排交貨。看來他應確實有槍有彈了。但問題是槍手如何知曉？是先知道有槍有彈才選了陳義雄？還是先選了陳義雄，後來才發現他有槍有彈？

我最後選擇後者，因為前者太不可能了。特勤人員再神通廣大，如何可以事先知道陳有槍彈？而且要執行槍擊案，陳有沒有槍彈並非必要條件，只要當場栽贓，就算槍彈來源不明，也只是瑕疵，陳義雄依然是百口莫辯。但一旦知道陳義雄有槍有彈，那就更方便了。

不但解決了比較麻煩的槍彈問題，而且更可以利用這件事做文章，控制陳義雄了。因為在台灣持有槍械是犯法的，以特勤人員的身分，不但可以當場收繳，而且還可以利用「保障首長安全」的理由，要求全程看管陳義雄，名正言順的保證陳義雄就在現場，隨時可以制伏。

這是我想到的最合情合理，也最天衣無縫的佈局。一個公開對陳水扁不滿，又買了槍彈的台南在地人，以現行犯被當場逮捕。他再怎麼辯解，恐怕也沒用。

但再完美的規劃也有疏漏的可能。

正是因為槍擊的目的，不是要取人命，除了不打要害之外，還得注意子彈的威力。土製槍彈本來威力就小，再加上特意的安全顧慮，就更不具殺傷力，所以就出現了一個我相信是意外的結果──呂秀蓮和陳水扁中彈後居然都第一時間沒有察覺！

這就導致了陳義雄有機會脫逃了。槍手第一時間不知道是否打中。突發的劇本外狀況，讓他措手不及，就毫釐之差，陳義雄先一步拔足就跑。槍手顧忌沿路的監視器，不敢追下去。

而陳義雄又為什麼要被犧牲？

本來槍擊案的目的已經達成，第二天陳呂連任成功。但事情並不那麼簡單，社會當然不會輕易接受，警方勢必會一查到底。陳義雄在錄像帶中出現，被警方鎖定以後，他被約談是必然的事，那他會怎麼說呢？警方或許不相信他的天方夜譚，但社會上已經說是陳水扁自導自演了，又怎麼能不追查，那槍手的身分也就不難查出了（如果當場逮到，他指認槍手就是逮他的人，就百口莫辯了。）這時槍手再出來否認，但如何解釋陳義雄會認出他呢？這樣的失控場面，最好的當然還是不要發生吧？而且被法院判定選舉無效也是有很大可能的。那不就前功盡棄了？

我相信殺人滅口應該不是原來計畫好的，而是不得已的。只可惜陳義雄就這麼冤枉地被做掉了。

十六、陳義雄有沒有留下遺書？

警方認定是陳義雄一人作案，最後畏罪自殺，很重要的依據，是陳義雄曾經留下「遺書。」依據警方調查報告，陳義雄的家人在陳義雄落水溺斃後一開始是不願意追究，而以「意外死亡」結案，似乎已經知道陳義雄涉案，而等到警方查到他有槍有彈，開始搜查並偵訊陳家家人之後，又互相支持，要隱瞞、湮滅證據，最後終於「被突破心防」，供出陳義雄曾接留有「遺書」，只是當時就已經銷毀了。家人依據記憶，記得是覺得很懊惱，自己做的事，自己解決。

當然，陳義雄不堪其擾，又不願牽扯家人，最後選擇自殺也不是完全沒有可能的。在電影劇情中，我們也沒有安排他到底是如何死的。

但陳義雄不是自殺也是有可能的，如果像電影所假設，他被特勤人員選中，不得已將槍彈交出，並且到了現場，接受控管，卻意外發現自己陷入圈套，會被誣賴為槍手，心情會是如何複雜。一開始可能心存僥倖，希望躲過一劫，就算警方公佈監視錄像，自己把黃色夾克燒掉，鬢角剪掉，說不定還是不會被認出。但隨著壓力越來越大，此時槍手不得不出手，逼著陳義雄逃亡，陳為了讓家人安心，留下書信、字條，也是有可能的，只是未必真是「遺書」，只是家人不知實情，誤以為那是「遺書」，也是可以想像的。

事前陳家人原來不知道陳義雄涉案，等到錄影出現，才驚覺陳就是其中的男子，而懷疑陳有可能涉案，但陳不願多講，還有湮滅證據的動作，隨後離奇死亡，而此時又被陳姊夫告知，陳義雄曾經買過槍彈，陳家人覺得這是不光彩的事，不願在往下想，怕查到更多對陳義雄不利的事。

指示警方後來還是查出陳義雄有槍彈，所涉的嫌疑就不是出現在現場，而是就是槍手本人了。陳義雄家人在各種「勸說」下，接受了這一可能，就「被突破心防」，說出了「有遺書」這件事，並且配合警方，出面向公眾道歉。

但事情過後，陳家人又改口了，而向社會呼籲重啟調查，認為陳不可能是槍手，不會自殺。

我們劇組曾經兩次去台南勘查現場，並且與陳家人和認識陳義雄的人見了面。

所有的人都不認為陳義雄可能是槍手，他只是一個很尋常的百姓，陳的妻子，更反覆的說「那個漁網不是他的」，意思應該是說有人拿了漁網，纏住了陳義雄，害他致死。

真相如何，我們可能永遠不知道了。

十七、陳水扁知不知情？

我是相當肯定，陳水扁並沒有參與這件槍擊案，就算他想製造事件，影響大選，他的選項應該不少，往自己身上開槍，應該不會是優先選項。如果真是他安排的，那他的反應就未免有些荒腔走板了，還要先擦點面速力達姆？為什麼不當場就大呼小叫？當呂秀蓮需要隨扈背著送進奇美醫院，陳還一副勇者形象，自己走進醫院，我覺得這才是他的真性情。

但進了醫院後，就完全不一樣了，他自此神隱，明明只有表皮灼傷，但絕不出面，還要邱義仁神秘兮兮的，告訴大家子彈在總統身上發現的，把悲情牌的效果放到最大。

當時電視的報導，有一段陳水扁剛躺在急救室的病床上，正準備進行診治，卻接到一通電話的畫面，我一直認為這通電話是非常關鍵的，因為自此後，陳水扁的演出就是完美了。我的推想是有人開示了陳水扁，讓他知道該如何完美利用這次事件。

但誰又可能是這樣的高人？難道就是整個事件的主使人？

如果確實是這樣，我一直好奇，陳水扁的心裡會是如何反應。

這的確是一個絕招，可以讓必輸的選情一夜扭轉。那是應該感激不盡了？

但對方竟然拿自己的性命做賭注，要萬一失手，自己不就沒命了。換句話說，自己只是一顆可以捨棄的棋子。對方的目的不是真的要幫自己，而是兩害相權取其輕，更不願另一方當選而已。

這樣想，就沒什麼好感激的了，甚至有些嫌惡了。

我想這樣的一個挨子彈的經驗，也算是「near death experience」（鬼門關前走一回）了，加上自己不必再思考連任的問題，會不會也造成陳水扁在第二任期內許多乖張的行為？

我們觀察李登輝與陳水扁的關係，就會發現，兩人的確不是那麼契合。在李登輝眼中，陳水扁扁是個小輩，也不是什麼大才。二○○○年，他寧可分裂，犧牲自己領導的國民黨，讓陳水扁有機會勝選，我看也只是一種戰略上的選擇，並不代表他全面認可陳水扁或民進黨。

二〇〇四年以前，就已經看出來陳水扁並不喜歡李對他的指指點點，不喜歡有人想做「太上皇」，下指導棋。

二〇〇四年扁連任後，這個關係越來越不好，甚至已經到公然嗆聲了。

等到陳水扁的貪腐案爆發，紅衫軍倒扁後，兩人更徹底決裂，陳水扁還宣稱自己和妻子吳淑珍所做一切都是從李登輝、曾文惠學來的。這是不是真的，我們無從而知。但有一點可以肯定，陳水扁的格局和手段和李登輝還是有天大的差距的，陳水扁這些指控，李登輝自然也是憤怒不堪。

兩人自此形同陌路，不再往來。

一直到二〇一八年初，李登輝先生健康惡訊頻傳，陳水扁保釋在外以後又開始頻繁出招，其中也包括了北上看望李登輝，兩人終於再度見面，其中包含的意義，值得人推敲。

信仰台灣
堅持到底
台灣站起來
信台灣
aiwan We Trust

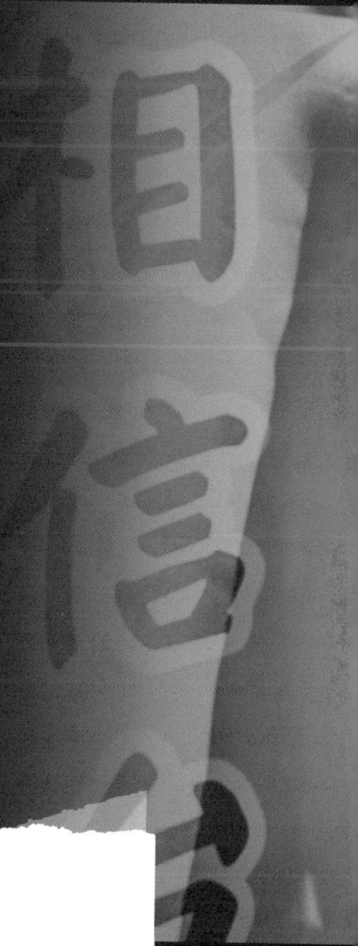

十八、319槍擊案是否還有可能真相大白？

我們喜歡說，凡走過必留下足跡，似乎沒有案子是破不了的，但現實生活中，有太多的懸案，是沒有辦法破的。

但也不是絕對的，最簡單的破案法，當然就是當事人自己出來揭曉。

我腦中一直有一個畫面，是李先生在臨終前對外說明槍擊案真相。其實事發了這麼久，也不可能當選無效，也不可能把九十多歲的前總統治罪，更何況他又不是開槍之人，也沒有重傷害，更沒有打死人。這一個為「搶救台灣命運」的大功，如果不能好好歸屬給自己，不也是一種「錦衣夜行」？

當然，很多魔術師是至死也不願透漏自己的秘密的。所以，我也只能做做白日夢而已。但其他參與的人（例如特勤人員）可不可能呢？這個可能性當然也不高，尤其有一條人命案重罪牽扯在內。

剩下的就是後來被告知的，比如陳水扁？但他被告知多少？可能也不會太多？他說了又有什麼好處？

解開真相的機會不是沒有，但又似乎不太可能。

那就剩下靠警方破案了，警方曾經收集了大量的通訊和監視的資料，但估計當初偵查方向不會包括電影中指出的特定人物。但如果資料還在，根據新的方向重新審視，會不會發現新的線索？會不會有新的證人證據出現？

十九、拍攝本片的困難與花絮

當初動念想拍這部電影的時候，我是知道這是不容易的，因為這麼一個敏感的政治題材，在台灣這樣一個藍綠對立的社會拍攝，而在大陸地區能否上映，十分的沒把握，指望很有限的台灣市場來回收投資，幾乎是不可能的。

但我還是決定去做了。

第一個決心，是不計較投資的回報，好在我這一輩子事業順利，這幾千萬台幣的投資，我還負擔的起，就當作為了完成一個心願吧。

第二個決心是不計毀譽，也好在我一輩子在跨國公司工作，不參與政治。雖然在大陸長期生活工作，但也沒有任何瓜葛，我也不需要任何大陸友人的投資，我也已經退休，將來也不打算投入政治，應該也不會有什麼麻煩吧。

更何況，自始自終，我都無意偏藍或偏綠，個人都有自己的考量，也各有長短，我的任務是以最合理的方式，說明看到的現象，電影上映後，我所看到、聽到的評論，都覺得觀眾依據自己的屬性，會看到不同的政治立場，彷彿整場電影也是一場「幻術」，那是因為我們的確設計了許多情節，給觀眾很多自己發想的空間。

第三個決心是不怕被告。這部電影是使用真名的，而且是關聯到世紀大案的。很多人都會勸我「不要拍吧！」「不要用真名吧！」「會被告的。」但事實上，我研究了有關的法律，我們這種對公眾事件、公眾人物的討論，還是受言論自由的保護的，更何況，我們明確指出「不主張為事實」，並且主動告知刑事警察局的主張的。但實際拍攝中，還是有許多困難的。

有相當多的演員不敢接拍，有的怕被台灣政府找麻煩〈不是民主自由的聖地嗎？〉，也有擔心將來到大陸發展有麻煩〈但也有人說我這電影是大陸指使拍的〉。但也說不出什麼道理，反正就是別碰政治題材。

同樣的理由，也被一些場地出借方用來拒絕出借。我們也主動迴避了一些可能會比較敏感的合作對象。

劇中掃街、槍擊的實景，本來是可以在台南金華街現場拍攝的，但拍攝期正是「九合一大選」最後階段，如果被發現我們拍的是319槍擊案，台南鄉親會不會有特殊的情感，而引發如何的反應，我們沒有把握，就另外選地方了。其他各個環節，也都有因為政治考慮面出現了挑戰。

但令我非常欣慰的是，也有很多人願意加入到我們團隊來，支持我們拍一部很不一樣的電影，很多人都有共同的理想。美國可以拍出來很多以真實人物、事件為基礎的影視作品（最有名的當然就是JFK，但其實很多）。韓國近年來也拍了很優秀的政治電影（如一九八七），我們台灣難道只能拍一些小清新、裝神弄鬼的市場片？

這一路以來，我碰到很多很優秀的電影工作從業人員，他們願意相信我這樣一個初學者，共同打造出一部很不一樣的電影，我特別要謝謝符昌峰導演。他完全理解我的想法，而且以他專業和高超的技巧，帶領了所有的演員和工作人員完成了一部非常高水準的作品。事實上我雖然是整個故事（理論）的創立者和編劇，但很多故事的橋段和架構，也是有賴於符昌峰導演的二次創作。

也要特別謝謝飾演李登輝的石峰大哥。他精湛的演技和對角色的認識和掌握，我非常佩服，真是一位好演員。整個的這次經驗，讓我更喜歡台灣、更喜歡台灣的人民。只希望我們的領導人，不要辜負這群人民。

台灣

結語

電影看完了，書也看完了。不知道各位有什麼感想？

電影拍攝和上演的過程中，我有機會和很多不同類型的人，尤其是年輕人交流他們對電影的反應，很有意思。有一場在師大辦的試映會，來了近百位同學。看完電影留下來與導演和我對談。幾個簡單問題後，終於有一個同學問了關鍵問題：「你這部片子好像是偏綠的？」我當場就請認為偏綠的同學們舉手，結果大約三分之一。然後請認為偏藍的同學舉手，也是三分之一。換句話說，認為不藍不綠，或又藍又綠的，也是三分之一。

同樣的一部電影，為何看的人感受會如此不同？我是外省第二代，看我長的樣子，說話的口音，沒有人會認為我是本省人，那一定不是深藍也是淺藍了。可是在歷次市調中對這部片子反應最正面的人卻是偏綠的。為什麼？

其實我無意偏藍或偏綠，兩邊的思維我都儘量以最精簡的對白和劇情給於表述，也不做批判。其實這就是真實人生。不同的人生背景，不同的經歷，不同的價值取捨，會讓我們在同樣的經歷中，得出全然不同的結論。甚至會強烈的譴責對方。

臺灣的藍綠對立源於我們獨特的歷史。外省人與本省人截然不同的世界觀和成長經驗，好不容易在我們戰後這一代人手中基本融合解決了。但卻因為中國（中華人民共和國）的崛起，被轉化為統獨或藍綠的分裂。而且，這個分裂很大成分是被有心的政客和媒體不斷地誇大和見縫插針。

我觀察我們的年輕人，其實是很純樸的，也本來就應該是很純樸的。但被這些長輩搞得對政治很厭煩，也很不想搞清楚。也因為如此，政治上的光譜並不強，沒有太多自己的深切思想。多半就跟著家人或老師同學走。很多的天然綠，就是這樣來的。有些自己也說不清楚的政治認同。

但多半人還是不願也不能這樣子人云亦云的過一輩子。

那到底什麼是對的？我們要如何能看懂這個亂象？

我可以提幾個建議，但你自己要決定我講的有沒有道理。

對歷史可以去解剖，目的是找病因，找解決方案。但不要太想定對錯。多半的歷史永遠是講不清楚的。人也是往往功過各半的。

對未來的決定還是要以對未來的推斷來做的。歷史是不斷在被創造的。看清楚世界，社會的演變，把自己放在一個最有利的位置，才能給自己最大的成功機會。

一定要學會慎思明辨。獨立思考。多讀有深度的書。越是與自己不一樣的想法，越要弄清楚為什麼會不一樣。對比多了，就可以看出其中的機關。慢慢就不惑了。

最後，提供幾個對「中國」的觀察。供大家參考。

中國的崛起不是偶然的。我們傳統的說法是自由民主是人類最好的制度。相對應的就是專制獨裁，就是應該要被推翻的。但這個說法現在也逐漸被質疑了。沒有錯，人類歷史上建立民主政治，保護各種自由，是很大的進步。相對的，一些專制政體也逐漸被推翻（有的是靠人民運動，有的是內部政治改革）。蘇聯解體後，似乎這是人類歷史的必然潮流。這也是當年為什麼美國人積極和中國打交道，一方面是從中國市場上賺錢，但也期望中國走上像臺灣和韓國走過的路，變成一個自由民主的國家。但事實證明中國雖然強大了，但並沒有任何要走臺灣道路的跡象。與此同時，這些走上自由民主之路的國家，包括美國自己，卻出現了各種亂象。慢慢的就有人開始研究中國現象，甚至推崇中國的制度。只是這種「長他人志氣，滅自己威風」的言論，願意接受和傳播的人還不多。

中國是一個受過很多苦難的國家，歷史上有很多教訓。所以不會輕易的接受西方的自由民主這一套。我還記得九〇年代看中國總理朱鎔基接受西方媒體提問中國何時可以自由民主，他義正言辭的回答，中國五四運動的時候，他是在裡面的年輕人。意思是他比任何人都明白什麼是自由民主。中國人要打造的是「有中國特色的社會主義。」沒有人知道那到底是什麼。因為中國人自己也要摸著石頭過河，慢慢去探索。但這個探索會是科學的，實踐的。我在跨國公司負責中國業務近三十年，業務成長飛速，老外會擔心，老是問我這樣的榮景可以持續多久，我的答案是請他們猜猜中國的領導核心「中國共產黨中央政治局常委」，一般是七位或九位，都是什麼樣的背景。這個問題在美國或臺灣都是法律或政治為主。但在中國，自從鄧小平復出以後，除了一個例外（現在的總理李克強是經濟博士），其他全是工程師。不光是鄧小平自己，江澤民，朱鎔基，胡錦濤，溫家寶這些人是。連各個分管人大，政協，政法，宣傳，所有的常委，都是工程師出身。習近平也是清華的。我自己是受過工程訓練的（台大化工學士，美國賓州州立大學化工碩士），我知道工程師的思考方式，是非常不受意識形態左右，務實而且按部就班的。所以政治人物會空談口號，亂開空頭支票，而工程師會弄清楚如何創造條件，逐步建設完成。我曾經有機會見到江澤民，聽他興致勃勃的解釋為什麼中國經濟一年成長8%毫無問題。因為對他來說那就是一個數學問題。照著規律走就一定可以達成。

所以中國的崛起不是意外。是一個偉大工程建設的結果。

但這樣的情況，在自由民主的制度下未必能複製。因為老百姓未必會選出這些工程師，而好的工程師也未必願意在選舉的惡戰中被抹黑。所以中國不會輕易把決定權交給一些沒能力判斷和選擇的普羅大眾的。他們更願意把權力留在黨內，而全力打造一個只有精英才能上位的淘汰體系。這是完全相反於民粹（一人一票）政治的精英政治。

當然，老百姓的權力就被剝奪了。但中國人民也基本理解這可能也是不得已的而且比較好的選擇。只要你們能夠把國家管理好，我就信任你們吧。而共產黨也一再教育自己的黨員，一定要做好，不然老百姓只有革命一條路，那共產黨就要亡黨亡國了。也算是一種恐怖平衡吧。

面對這樣的一個中國，臺灣應該如何？這是臺灣最大也是唯一需要達成共識的問題。

如果你因為家庭背景，與共產黨或外省人有不共戴天之仇，可能就不太願意去思考這個問題，因為當然是對抗到底。誰也不能怪你。但對多數人，我們還是應該多想想。

其實中國對臺灣人蠻好的。臺灣人有超過內地人和外國人的待遇。當然是為了統戰，要收買人心。但大陸確實也不需要臺灣什麼。當年臺灣強，大陸弱，臺灣的投資和經驗對大陸的改革開放起了關鍵性的作用。但時至今日，大陸早就超前不知幾條街去了。臺灣那點錢，那點作用，已經毫無輕重可言。大陸要的就是能面對祖宗，不能讓臺灣獨立出去了。

我們怕的是什麼呢？就是我們的自由民主。別給我們剝奪了。

這樣的對局，有沒有可能化解？有人會說可以，大家可以談判。有的人會說沒什麼好談，反正我們不會滿意。

今天如果不能化解，是不是永遠不能化解？

但能談不能談這樣的問題，在臺灣的今天是還不能放上檯面討論的。因為還輪不到這麼高的層次。

我們吵的是要不要刺激老共，製造麻煩。這樣的好處到底在哪裡？難怪會被人懷疑你就是想趁著美國日本想抑制甚至扳倒中國的時機，看看能否在國際保護下就法理獨立了。而且中美現在鬧得這麼大，好像還真有點機會。對那些老先生來言，更是此生唯一的機會了。

但不要忘了，就算老美保護下我們「獨立」成功了，中國就會算了嗎？臺灣的日子就好過了？做美國的亞太不沉的航空母艦，對抗大陸，真的勝過享受大陸經濟發展的紅利？在未來的世界競爭裡，美國的「美國第一」真的可以擊倒大陸的「中華民族偉大復興」？

這才是臺灣現在的核心問題。看清楚了這一點，再去聽政治人物的口水，就比較聽得懂了。

希望這本書+電影，對你而言，有點幫助。

幻術：319 槍擊案拆秘（台灣出版史上第一部隨書送上網看完整電影. -- 第一版. --
臺北市：時報出版 2019.11
140 面；14.8x21 公分. --
ISBN 978-957-1380223（平裝）

573.07

VPE0071
幻術
319 槍擊案拆秘

版權所有／
費思兔文化娛樂股份有限公司/
時報出版

作　　　者　蘇敬軾
編輯整理　符昌鋒
責任編輯　張燕宜
封面設計　小草

董　事　長　趙政岷
出　版　者　時報文化出版企業股份有限公司
10803 台北市和平西路三段 240 號
發行專線　(02)23066842
讀者服務專線　0800231705
(02)23047103
讀者服務傳真　(02)23046858
郵　　　撥　19344724 時報文化出版公司
信　　　箱　台北郵政 79~99 信箱
時報悅讀網　http://www.readingtimes.com.tw
法律顧問　理律法律事務所 陳長文律師、李念祖律師
印　　　刷　勁達印刷有限公司
初版一刷　2019 年 11 月 15 月
定　　　價　新台幣 240 元

版權所有　翻印必究
（缺頁或破損的書，請寄回更換）

ISBN 978-975-1380223

Printed in Taiwan

時報文化出版公司成立於1975年，
並於1999年股票上櫃公開發行，於2008年脫離中時集團非屬旺中，
以「尊重智慧與創意的文化事業」為信念。